AF557749

Heinz Stade

Das kleine Buch der Saale

Rhino Westentaschen-Bibliothek
Band 96

Schloss Burgk spiegelt sich
im Ausgleichsbecken Burgkhammer

Heinz Stade

Das kleine Buch der SAALE

Trotz gewissenhafter Bearbeitung kann eine Haftung für den Inhalt nicht übernommen werden. Für aktuelle Ergänzungen und Anregungen ist der Verlag jederzeit dankbar. Wir bedanken uns bei allen, die uns unterstützt haben.

Fotos: Seiten 2, 29, 33, 34, 39, 53, 54, 67, 71, 72, 76, 79, 82, 83, 85, 87 und 92: Lutz Gebhardt; Seite 9: ein unbekannter Wandersmann; Seiten 21 und 23: T.E. Ryen, CC BY-SA 3.0; Seite 13: Dorftroll, CC BY-SA 4.0; Seite 17: Iglheaz, Public domain, via Wikimedia Commons; Seite 18: PantheraLeo1359531, CC BY 4.0; Seite 25: Peter-Braun74, CC BY-SA 3.0; Seiten 27, 30/31, 37, 40, 44/45, 46, 56, 58, 59, 63, 68: Anette Cotta; Seite 42: Ansgar Koreng, CC BY 3.0; Seite 48: Bernd Wiesel, Seite 49: Peter Schröter, beide Flößerverein Uhlstädt, Oberkrossen und Rückersdorf e.V.; Seite 50: Jwaller, CC BY-SA 3.0; Seite 60/61: T.Friedrich CC BY 2.5; Seiten 65 und 77: Eva Sherpa; Seite 74: Jill Wellington, Pixabay; Seite 80: Bernhard Bäuerle, CC BY-SA 3.0; Seiten 89 und 90/91: Heinz Stade

Titelbild: Oliver Hlavaty, Adobe Stock, Rudelsburg

Impressum

Am Hang 27, 98693 Ilmenau
Tel.: 03677 / 46628-0, Fax: 03677 / 46628-80
www.RhinoVerlag.de

Layout, Satz: Ute Schmidt, Geraberg
Schrift: Minion Pro
Titelgestaltung: Jana Rogge, Weimar

1. Auflage 2023

ISBN: 978-3-95560-096-9

INHALTSVERZEICHNIS

EINLEITUNG

Beginnend im Jahrzehnt vor der Gründung des Deutschen Reiches, im Jahr 1871, vollzog sich in Deutschland und Teilen von Europa ein schneller wirtschaftlicher Aufschwung. Die Produktion von Kohle und Roheisen stieg rasant. Das Eisenbahnnetz wurde auf rund 18.000 km erweitert. Eine Entdeckung folgt auf die andere, neue Fabriken entstanden in großer Zahl. Auch Philosophie, Kunst und Kultur florierten und bestachen mit Werken, die bis heute zu den diversen Standard-Repertoires berühmter Sammlungen gehören.

In dieser Aufbruchstimmung, der Begründer der modernen Denkmalpflege Georg Dehio (1850–1932) war als solcher noch nicht auf dem Plan, schmiedete in der Stadt Münchberg ein kleiner Kreis von Interessierten Pläne, ein auf dem Gebiet der Gemeinde Zell im bayrischen Fichtelgebirge aus dem Gestein tretendes Wasser in Stein zu fassen, und so sicht- und erlebbar zu machen. Der Platz an dem dies geschehen sollte, war das vormals am Fuße des Großen Waldsteins am nordwestlichen Rand des Fichtelgebirges gelegene kleine Bergwerk namens „Hülffe Gottes“, in welchem zwischen 1769 und 1810 „Gelbkreide“ abgebaut wurde, ein Mineralgemisch, aus dem Ockerpigmente gewonnen wurden. Überlieferungen zufolge umfasste das Areal einen Förderschacht und einen knapp 70 Meter langen Stollen, der die Quelle unterquerte. Der Offizier, Kartograf und Zeichner Julius von Plänckner (1791–1856), dem wir eine erste ausführliche Beschreibung des Höhenwegs auf dem Thüringer Wald und Schiefergebirge „Rennsteig“ zu danken haben, gab auch das Werk „Piniferus“, eine ausführliche Darstellung des Fichtelgebirges, heraus. Darin ist zu lesen, wie sich ihm das Bergwerk 1839, drei Jahrzehnte nach Einstellung des Abbaus, zeigte. Demnach „lief das Wasser aus der mit einem Häuschen überbauten, eingefassten Quelle durch ein offenes Rohr in eine trichterförmige Vertiefung, die durch Nachbrechen der Ränder des Eingangs des alten Schachtes entstanden war. Durch diese künstliche Bachschwinde floss das Wasser unterirdisch über den Schacht in den alten Stollen, den es schließlich weiter unten am Hang über ein Mundloch (die heutige Fassung der Saale-

Im Jahr 1869 fasste man die Saale-Quelle am Fuße des Großen Waldsteins im Fichtelgebirge. Hier heißt sie noch Sächsische Saale, um sie von der Fränkischen zu unterscheiden. Von hier aus macht sie sich auf ihren über 400 Kilometer langen Weg zur Elbe.

Quelle) wieder verließ." Dies muss mit eigenen Augen auch der damalige Oberbergmeister des Fürstentums Ansbach-Bayreuth, Alexander von Humboldt (1769–1859), gesehen haben, als er das Bergwerk im Jahr 1794 inspizierte. (Auf dem Gelände des nahen Haidberges entdeckte er übrigens noch eine bis heute nachvollziehbare geologische Besonderheit: Das im Gestein des Berges eingelagerte Magnetit führt dazu, dass auf einem Kompass die Nadel aus ihrer wahren Richtung „tanzt".) 1869 war das Werk der Quellfassung vollbracht. Im Rahmen der Rekultivierung des alten Bergwerksgeländes wurde die Einfassung des Mundloches abgerissen und der bis dahin als „Ausgang der Saale" genannte Austritt als neue Saale-Quelle errichtet. Angebracht auf einer Höhe von 707 Meter ü. NN lässt die Inschrift einer schwarzen Marmortafel seither die Besucher des Naturdenkmals wissen, dass daran die umliegenden fränkischen Städte Münchberg, Schwarzenbach und Hof, aber auch die anhaltischen Städte Weißenfels und Halle an der Saale teilhatten. 100 Jahre später wurde die Anlage erneuert und mit zwei Auslegern aus Bruchsteinen ergänzt.

Auf ihren über 400 Kilometern Länge von der Quelle im Fichtelgebirge bis zur Mündung in die Elbe durchfließt die Saale die Bundesländer Bayern, Thüringen und Sachsen-Anhalt. Die Saaletäler gehören zu den reizvollsten Flusslandschaften Deutschlands. Mittelgebirge und Hochebenen, Felsen und Auen, ja auch Weinberge säumen den Fluss. An den Ufern liegen Städte und Orte, die nicht selten von Burgen und Schlössern überragt werden, historisch, handwerklich und industrietechnisch Berühmtheit erlangten und touristisch attraktiv sind. Mit Hof, Hirschberg, Saalfeld, Rudolstadt, Jena, Naumburg, Weißenfels, Merseburg, Halle, Bernburg oder Calbe seien einige davon herausgegriffen. Maler, Literaten, Fotografen und zuweilen auch Musiker ließen sich von Aufenthalten beiderseits der Saaleufer inspirieren.

Bis zum Einsetzen der intensiven Wasserbelastung durch Industrie und Landwirtschaft sowie bis zu den umfangreichen flussbaulichen Eingriffen in der zweiten Hälfte des 19. Jahrhunderts, verfügte die Saale über eine artenreiche Fischfauna. Der herausragende Lachsbestand war für die an der Saale ansässigen Fischerinnungen eine wesentliche Erwerbsquelle. Seit ab den 1990er-Jahren die Wassergüte wieder besser wurde, erholt sich auch der Fischbestand. Wirtschaftlich von Bedeutung war seinerzeit an den dafür geeigneten Abschnitten der Saale auch die Flößerei und die Schifffahrt.

Auf dem Weg durch die drei Bundesländer überspannen die Saale zahllose große und kleine Brücken. In Kriegen oft zerstört und meistens rasch wieder aufgebaut, zeigen sich manche der vielbögigen Bauwerke als wahrhafte ingenieurtechnische Meisterleistungen. Mit der für die ICE-Trasse Halle/Leipzig–Erfurt gebauten Saale-Elster-Talbrücke überspannt nahe der Stadt Halle das größte Brückenbauwerk Deutschlands und die längste Fernbahnbrücke Europas die Saale. Historisch wertvoll sind u. a. die alte Saalebrücke Jena-Burgau, die Camsdorfer Brücke, die Kunitzer Hausbrücke, die Carl-Alexander-Brücke in Dorndorf-Steudnitz und die Saalebrücke Bad Kösen.

In einem kleinen Buch wie es hier vorliegt, kann es eine vollständige Darstellung des Sehens- und Erlebniswerten dies- und jenseits der Saale nicht

Die Carl-Alexander-Brücke wurde 1892 als Stahlbogenbrücke erbaut und 2018–20 saniert. Sie überbrückt die Saale unterhalb der Dornburger Schlösser.

geben. Was es jedoch in historischen und aktuellen Texten und Abbildungen zu zeigen vermag ist, dass die von der Saale durchflossenen Landschaften zu den schönsten Deutschlands gehören und dass im Umfeld des Flusses Orte und Plätze zu finden sind, die einen wesentlichen Anteil an der deutschen Geschichte haben.

ENTDECKUNGEN BEIDERSEITS DER SAALE

ZELL im Fichtelgebirge

Von der für ein kurzes Stück unterirdisch bergab fließenden Saale-Quelle führt ein Rad- und Fußweg hinunter in die 1323 erstmals urkundlich erwähnte Ortschaft Zelle, die aus einer vermutlich Jahrhunderte früher gegründeten kirchlichen „cella“ hervorgegangen ist. Im Auf und Ab der Geschichte wuchs aus dem einstigen Weberdorf Zelle schließlich jene Ansiedlung, die seit 2007 offiziell „Markt Zell im Fichtelgebirge“ heißt und inklusive Eingemeindungen rund 2000 Einwohner zählt.

Das idyllisch am Nordwesthang des Großen Waldsteins liegende Zell ist ein guter Halte- und Ausgangspunkt für Wanderer, Radfahrer und Menschen, die im guten Klima Erholung suchen. Zwischen Zell und Hof, auf der Münchberger Hochfläche, fließt die hier manchmal nur wie ein Wiesenbach wirkende Saale relativ langsam dahin.

In dem zu Zell im Fichtelgebirge gehörenden Nachbarort Kleinlosnitz lohnt sich der Besuch des Oberfränkische Bauernhofmuseums. Der sogenannte Dietelhof, ein strohgedeckter Vierseithof aus dem späten 18. Jahrhundert, stellt mit der originalen Einrichtung eines der wertvollsten ländlichen Baudenkmale Oberfrankens dar. Vom Keller bis zum Spitzboden, von der Schwarzen Küche bis zum Bienenhaus, vom Kachelofen bis zu den Ahornbäumen vor dem Tor ist der auch gastronomisch genutzte Hof ungestört erhalten.

Du, mein Zell

Dort, wo der Waldstein nieder schaut,
da liegt ein Flecken still und traut,
wo munter springt der Saale Quell:
da liegt mein liebes, schönes Zell.

Aus einem Gedicht von Lehrer a. D.
Jakob Schott

HOF (Saale)

Die Saale, nicht der einzige, sehr wohl aber der größte Fluss in Hof, überspannen hier sage und schreibe 17 Brücken; die 1706 erbaute Untere Steinerne Brücke ist davon die älteste. Sie überquert den Fluss mit drei Bögen. Dass an deren Stützen Eisbrecher zu sehen sind, erinnert auch daran, dass die Saale in Hof und Umland durchaus Hochwasser verursachen kann – zuletzt geschehen 2021. Bevor die Saale die Stadt verlässt, nimmt sie noch die Nördliche Regnitz auf. Das Flüsschen war in gewisser Weise ursächlich für den Namen der Stadt: Um 1230 nördlich einer bereits vorhandenen Bauernsiedlung angelegt, nannte man den Flecken zunächst „Regnitzhof“ oder „Hof Regnitz“. Später verkürzte man dies zu „am Hof“ oder „zum Hof“, bis daraus schlussendlich das Hof wurde, in dem heute knapp 50.000 Einwohner leben.

Kriege und mehrere Großbrände haben der Stadt in der Geschichte schwer geschadet und enorme Wiederaufbaulasten verursacht. Wie sich große Teile der Innenstadt gegenwärtig zeigen, sind sie mehrheitlich nach einem Brand im Jahr 1823 entstanden. An vielen Hausfassaden ist die Bauepoche erste Hälfte des 19. Jahrhunderts nachvollziehbar. Es war die Zeit, die man in Kunst, Literatur und Möblierung der Wohnungen als Biedermeier bezeichnet. Als schon älterer Mann hat manches davon vielleicht noch der Schriftsteller Jean Paul (1763–1825) gesehen, der in Hof und Umgebung viele Jahre verbrachte.

Der Dietelhof in Kleinlosnitz gibt als Museum Auskunft über die Lebensweise im späten 18. Jahrhundert in Oberfranken.

Hauptfassade des Hauses Theresienstein in Hof (Saale)

Über Hof, das in seinen Büchern mal als „Kuhschnappel", mal als „Flachsenfingen" vorkommt, notierte er: „*Besehet Hof, wo ich das Meiste gelitten, aber das Beste geschrieben.*" Die Stadt erinnert an ihn mit einem stattlichen Denkmal; das nahe Dorf Joditz, in dem Paul seine Jugendjahre verbrachte, mit einem privaten Jean Paul-Museum. Durch ihre Lage an der altrömischen Handelsstraße „Via Imperii" gelangte die Stadt schon ab

dem Mittelalter zu einigem Reichtum. Dieser blieb auch dem Dichter Johann Wolfgang Goethe (1749–1832) nicht verborgen.
Das Aufkommen der rasch wachsenden Textilindustrie tat für den Wohlstand ein Weiteres. Im regionalgeschichtlichen Museum Bayerisches Vogtland, im historischen Hospitalgebäude, ist auch dazu viel Interessantes zu sehen und zu erfahren.

...und durchaus Wohlhäbigkeit

„Hübsche Lage des Gasthofes zum Hirsch vor dem Oberthor, große Lebendigkeit, hübsche Mädchen, muntere Kinder, viel Beweglichkeit. Der vielen Fuhren nicht zu vergessen, die uns, schwer beladen, teils entgegenkamen, teils in Hof an uns vorbei fuhren. Unzählige Kinderkutschen. Durchaus Wohlhäbigkeit."

Johann Wolfgang Goethe, der auf seinen Reisen ins böhmische Bäderdreieck mehrmals in Hof Station gemacht hat, 1812 in einem Brief an seine Frau Christiane

Der auf den Tourismus zielende Slogan „Hof – in Bayern ganz oben!“ ist originell und in vielerlei Hinsicht treffend. So ist es egal ob man Hof auf der Landkarte sucht, ob man damit die topografische Höhe verbindet oder man es im übertragenen Werbesinn meint. Man kann den Spruch auch als Einladung deuten, sich Hof aus der Vogelperspektive zu erschließen. Reichlich Gelegenheit dazu bieten die Stadt umgebende Erhebungen mit den teils darauf errichteten Aussichtstürmen: der Labyrinthberg mit dem Labyrinthturm, der Eichelberg, der Wartberg mit dem (nicht begehbaren) Wartturm, der auch Alsenberg genannte Otterberg, der Rosenbühl mit dem Bismarckturm, der Ulm und der Teufelsberg. Man schaut auf eine Stadt der Kirchen, auf das neugotische Rathaus mit seinem markanten Turm, auf moderne Bauten wie das Theater oder die ob ihres außergewöhnlichen Erscheinungsbildes unübersehbare Freiheitshalle. Von den Höhen aus wird einem auch gewahr, dass Hof eine Stadt der Grünanlagen ist. Unter diesen üben

der Theresienstein, die Saaleauen und der Untreusee besondere Anziehungskraft aus. Möglich sind auch Blicke auf seinerzeit beeindruckende Verkehrsbauten wie Alter und Neuer Hauptbahnhof. Letzterer schaffte es im Herbst 1989 in die Schlagzeilen der Weltpresse. Noch vor der eigentlichen Grenzöffnung zwischen DDR und BRD am 9. November 1989 traf am 1. Oktober

Im Süden von Hof – der Untreusee

„Schlappentag" und „Wärschtlamo"

Der aus jährlichen Übungen der 1432 gegründeten Hofer Schützengilde hervorgegangene „Schlappentag" mauserte sich zum größten Volksfest Hofs und gehört zum immateriellen Kulturerbe Bayerns. Mit dabei ist hier stets auch der zu einem Markenzeichen der Stadt gewordene „Wärschtlamo" (Würstchen-Mann), wie sie traditionell in der Hofer Altstadt stehen und direkt aus dem Kessel „Wienerla, Bauern und Weiße mit Sempft" (Wiener Würstchen, Debrecziner und Weißwürste mit Senf) verkaufen.

um 6.14 Uhr hier ein vollbesetzter Personenzug aus Prag ein. An Bord waren ausschließlich DDR-Bürger, welche über die Prager Botschaft der damaligen Bundesrepublik ihre Ausreise erzwungen hatten. Ein Denkmal erinnert daran. Dass die Saale ein stückweit auch ein Grenzfluss beiderseits des „Eisernen Vorhangs" war, lässt sich – gute Sicht vorausgesetzt – vom Bismarckturm aus in Richtung Thüringen/Hirschberg sehen.

Ein Wärschtlamo,
im Hintergrund Erker des Rathauses in Hof.

HIRSCHBERG

Wer in der Saale war, der hatte es geschafft", erinnert sich der ältere Einheimische beim Rundgang durch das 1296 erstmals urkundlich erwähnte Landstädtchen Hirschberg. „Geschafft" meinte die Flucht aus der mit Beton und Stacheldraht abgesperrten DDR in den Westen auf der anderen Seite des Saaleufers. In Hirschberg, was über Generationen ein bedeutendes Zentrum der Gerber- und Lederwarenindustrie war, hatten die Einwohner die Grenze im wahrsten Sinne direkt vor der Nase. Das heute als Museum für Gerberei- und Stadtgeschichte dienende einstige Bürogebäude der Lederfabrik lag besonders dicht an der doppelten Grenzmauer. Trotz allem gelang es Mitte der 1980er-Jahre von hier aus einem Mann, auf die westliche Seite der Saale zu fliehen. (Nur acht Kilometer von hier entfernt liegt übrigens das Dorf Mödlareuth, das ob seiner besonderen Lage zu Grenzzeiten auch als „Little Berlin" bezeichnet wurde.)

Über der Stadt Hirschberg erhebt sich auf dem Lohberg das als schlichter Barockbau daherkommende Schloss. Von hier aus hat man eine umfassende Sicht auf die Stadt, die Saale und das gegenüberliegende oberfränkische Land. Man wird auch gewahr, warum die Gegend zum „Naturpark Thüringer Schiefergebirge/Obere Saale" gehört. Über einem Hängesteg gelangt man von der Höhe in den Naturpark „Hag". Wegen seines alten Baumbestandes, der vielen Ruhebänke, bequemen Wege und eines Gasthauses war der „Hag" ein beliebtes Ausflugsziel. Mit dem Bau der Grenzanlagen mussten jedoch viele der bis

Ortsansicht von Hirschberg

Franken hat aufgehört, Sachsen beginnt

Hier in Hof ist so ein Straßenknoten, wo ich gern hin und wieder einen halben Tag verweile, mich auf die Bank setzte und dem Getreibe (ei ist original) nach den vier Himmelsstrichen nachsinne. Franken hat aufgehört, Sachsen beginnt, gen Böhmen deuten Postcurse und Wegweiser. Lange Züge von Frachtwagen bedecken die Straße.

Der Dichter Karl Immermann (1796-1840) im Jahr 1837

zu 200 Jahre alten Bäume und auch das Gasthaus weichen; der Zugang zu der Parkanlage war gesperrt. Nach der deutschen Wiedervereinigung schaffte es eine Bürgerinitiative, das Areal wieder zu einem attraktiven Erholungsort in wunderbarer Natur zu machen. Darin ist auch jene rund 30 Meter lange Bank zu finden, die aus nur einem Fichtenstamm gefertigt wurde und fast 100 Sitzplätze bietet.

In Blankenstein beginnt und endet der Rennsteig, was das Denkmal zum Ausdruck bringt.

BLANKENSTEIN

Die am Rande des Thüringer Schiefergebirges und an der Landesgrenze zu Bayern liegende, rund 800 Einwohner zählende Gemeinde, feierte jüngst ihr Jubiläum 750 Jahre urkundliche Ersterwähnung. In dem von abwechslungsreicher Landschaft umgebenen Blankenstein beginnt oder endet, je nach Laufrichtung, Deutschlands beliebtester Höhenwanderweg, der 170 Kilometer lange Rennsteig.

Ein 1903 in Stein gehauener lebensgroßer Wandersmann markiert diesen Punkt.

Von hier aus ist der Blick auch frei auf ein industrielles Wahrzeichen des Ortes und der Region, in der seit über einem Jahrhundert Papier hergestellt wird. An der Schwelle zum neuen Jahrtausend wurde an diesem sensiblen Standort eine der größten Investitionen in Thüringen getätigt. Ziel war die Umstellung vom bisherigen Sulfitverfahren zum Holzaufschluss auf das Sulfatverfahren (Kraftprozess) einschließlich Kapazitätserweiterung und damit einhergehender spürbarer Umweltentlastung. Was sich so schwer verständlich liest, bedeutet: Dank umweltschonender Technologien praktiziert das neue Werk einen weltweit beispielhaften Wirtschaftskreislauf. In der Flur von Blankenstein mündet die Selbitz in die Saale. Auf ihrem Weg dahin schuf das Flüsschen das einen Besuch lohnende, etwa drei Kilometer lange wildromantische Höllental. In den Nachbarorten auf der Seite der Thüringer Saale empfiehlt es sich, in Harra das Heimatmuseum zu besuchen und in Blankenberg das Schloss mit der von da aus herrlichen Aussicht auf Blankenstein und die Saale.

Noch darf sich die Saale frei bewegen …

Das von der Saale gespeiste Thüringer Meer

Man will es kaum glauben, und doch ist es wahr: Mitten im rund 82.000 ha großen Naturpark „Thüringer Schiefergebirge/Obere Saale“ kommt Jahr für Jahr eine neue Meerjungfrau zur Welt. Hübsch, jung, wissend und mit Namen wie zuletzt Jessica, vertritt und repräsentiert die junge

Frau das „Thüringer Meer“. Mit insgesamt über 60 km Staulänge ist die aus Bleilochtalsperre, Talsperre Burgkhammer, Talsperre Walsburg, Hohenwartetalsperre und Talsperre Eichicht bestehende Saalekaskade das größte zusammenhängende Stauseegebiet Deutschlands.

… angestaut wird sie zum Thüringer Meer, welches sich über 60 Kilometer erstreckt.

Die tiefsten Einschnitte erfuhr das Flussbett der Saale mit dem Bau der Bleiloch- und der Hohenwartetalsperre zwischen 1926 und 1942. Wo einst Dörfer, Mühlen und einzelne Gehöfte ländliche Idylle signalisierten, ein Steinbruch seltenen Marmor in sich hatte, entstand großflächig eine neue Landschaft, das malerisch sich zeigende „Thüringer Meer“. Die bis dahin während der Schneeschmelze üblichen folgenschweren Saale-Hochwasser sind weitgehend Geschichte; neu hinzugekommen ist die Nutzung der Wasserkraft zur Stromerzeugung. Nichts davon spürt der Besucher, wenn er dieses von schier endlosen Fichtenwäldern gesäumte Meer inmitten der Berge zu Fuß, mit dem Rad oder direkt auf dem Wasser per eigenem Boot oder Fahrgastschiff erkundet.

Bei jungen, auf Technomusik abfahrenden Leuten aus ganz Deutschland übt die 2003 durch Gemeindezusammenschluss entstandene Stadt Saalburg-Ebersdorf seit über zwei Jahrzehnten wegen des sommerlichen Festivals „Sonne-Mond-Sterne“ magische Anziehungskraft aus.

Kinder fasziniert der Märchenwald, in dem u. a. das größte Hexenhaus Europas steht.

Parkliebhaber, Kunst- und Geschichtsinteressierte werden an dem aus einer Herrschaft Reuß hervorgegangenen Schloss mit Garten in Ebersdorf ihre Freude haben. Das mit klassizistischen Säulen aufwartende Schloss wird gerahmt von dem etwa 50 Hektar großen Landschaftspark. Ist schon der nach Wörlitzer Vorbild entstandene Park als Ganzes einen Ausflug wert, so überrascht er an seinem südwestlichen Rand noch mit einem in Thüringen einzigartigem Kunstwerk: dem von Ernst Barlach (1870–1938) entworfenen, und in seiner Güstrower Werkstatt gefertigten Grabdenkmal für den 1928 verstorbenen Fürsten Reuß Heinrich XXVII. und dessen Familie.

Fahrgastschifffahrt auf der Saale ist an verschiedenen Abschnitten möglich.

BURGK

Die kaum 100 Einwohner von Burgk werden es verzeihen, wenn ich behaupte, dass man bis vor wenigen Jahren in das Dorf nicht wegen des Ortes reiste, sondern wegen des hoch über einer malerischen Saaleschleife thronenden, geschichtlich aber eng mit dem Dorf verbundenen Schlosses Burgk, in dem dereinst mehrere Generationen der Herrschaft Reuß-Burgk residierten. Hinter den schlichten, schmucklosen Fassaden bietet das seit 1952 museal genutzte Schloss überraschend viele historisch oder künstlerisch wertvolle Exponate vor allem zur fürstlichen Wohnkultur. Ob seiner insgesamt mehr als 75.000 Blätter umfassenden Exlibris-Sammlung und bemerkenswerten Wechselausstellungen, zieht es Anhänger der Bildenden Kunst auf das Schloss. In der Schlosskapelle erklingt seit Ostern 1743 eine bis heute bespielte Orgel von Gottfried Silbermann (1683–1753). Aus Rechnungen geht hervor, dass

---

Der Aussichtsturm bei Burgk bietet einen fantastischen Rundblick auf das Saaletal.

der Meister nicht nur das Instrument, sondern auch „den Pfarrstuhl und die Kanzel zu verfertigen“ übernommen hatte.

Zu den Besonderheiten im kleinen Park von Schloss Burgk zählt das 1751 bis 1753 erbaute Sophienhaus, ein sogenanntes Schallhaus. Das Gebäude überrascht mit wunderbarer Akustik sowie opulenten Stuckaturen von Musikinstrumenten, die in jener Zeit gebräuchlich waren. In ihm saßen die Musizierenden, im Park wandelten die Herrschaften.

Am Ortseingang von Burgk empfängt den Besucher seit 2011 neben dem Schloss ein weiteres lokales Wahrzeichen: der aus Holz und Stahl gebaute Saaleturm. Dessen 192 Stufen führen zu einer Aussichtsplattform auf 36 m Höhe. Fantastische Blicke über das Saaletal, auf Schloss Burgk, auf die Talsperre Burgkhammer oder zur Bergkirche von Schleiz machen den Aufstieg zum Ereignis.

Im Wasserkraftmuseum Ziegenrück

ZIEGENRÜCK

Hieß es früher, der Ortsname gehe auf eine Anhöhe namens Ziegenrück zurück, führt man ihn heute eher auf die sorbische Bezeichnung „Czegenruck“ zurück, was als „Flussbogen“ oder „Flussschlinge“ übersetzt wird. Letzteres lässt sich

gut verstehen, wenn man von der auf einem hohen Felssporn stehenden Kemenate aus ins Saaletal von Ziegenrück schaut. Die Kemenate ist der immer noch stattliche Rest eines Burgkomplexes aus dem 13. Jahrhundert.

In der im Tal liegenden Altstadt beeindrucken die am Hang stehende, von Spätgotik und Barock geprägte Kirche St. Bartholomäus und St. Nikolaus, zwei historische Brücken vom Ende des 19. Jahrhunderts sowie einige Fachwerkhäuser. Besuchermagnet ist freilich das in der ehemaligen „Fernmühle" zu bestaunende, deutschlandweit einzigartige Wasserkraftmuseum.

Es ist aus einer bereits im Zusammenhang mit der mittelalterlichen Saaleflößerei erwähnten Wassermühle hervorgegangen. Von 1900 bis in die 1960er-Jahre als Wasserkraftwerk genutzt, begeistert das Anwesen seit 1965 als Museum. Historische Technik, eine große Glühlampensammlung, Turbinen und Wasserräder sowie ein Modell des nahen Talsperrensystems gehören zu den besonderen Exponaten.

Burgruine Hoher Schwarm in Saalfeld

SAALFELD

Saalfeld ist ein ursprünglicher Landstrichname und meint so viel wie das Gefilde an der Saale. An der imposanten Stadtkirche St. Johannis verrät das an der Nordwestecke der Kirche angebrachte „Heringsmännchen" in einfacher Bildsprache einiges zur wirtschaftlichen Historie der Saalestadt.

P

Die Figur steht in bürgerlicher Tracht neben einer Tonne und hält in einer Hand einen Fisch, in der anderen einen Hasen: Symbole für die einst wichtige Saale-Fischerei und die „Niedere Jagd". Das Chorgewölbe im Inneren der Kirche beeindruckt durch die farbliche Darstellung einer mit etwa 80 Blumen und Pflanzen des Mittelalters ausgestatteten „Himmelswiese".

Was über die Zeiten in der 899 erstmals urkundlich erwähnten Stadt baulich entstand, verschaffte Saalfeld den Ruf, „Steinerne Chronik Thüringens" zu sein. Die Stadtbefestigung mit ihren einstmals fünf Toren, das dreiflügelige ehemalige Schloss, die Burgruine Hoher Schwarm, die bereits erwähnte Stadtkirche St. Johannes oder das museal genutzte ehemalige Franziskanerkloster zählen zu den Bauwerken, die beim Stichwort Sehenswürdigkeiten vermutlich jedem Saalfelder sofort einfallen. Sodann wird er auf den rechteckigen Markt, das heutige Stadtzentrum, verweisen. Den Platz dominiert das 1529–1537 erbaute dreigeschossige Rathaus.

Saalfeld – Blick durch das Obere Tor auf die Johanneskirche

Als „Stadt der farbenreichsten Schaugrotten der Welt“ schaffte es Saalfeld zu einem wahrlich schillernden Eintrag in das Guinness-Buch der Rekorde. Dies brachte dem vor mehr als 100 Jahren öffentlich zugänglich gemachten ehemaligen Alaunschieferbergwerk der so genannte Märchendom ein, der sich in den Grottenseen bizarr spiegelt.

Der Märchendom in den Saalfelder Feengrotten

RUDOLSTADT

Wahrlich nicht nur nach Ansicht des Hofchronisten Carl Eduard Vehse liegt Rudolstadt in einer Gegend, „die man zu den romantischsten in Deutschland zählen muss".
Immerhin schlängelt sich die Stadt über acht Kilometer durch das hier nur wenige hunderte Meter breite Tal der Mittleren Saale. Das weithin sichtbare Zeichen höfischer Repräsentanz ist Schloss Heidecksburg. 60 Meter über der Stadt sich erhebend, erreichbar auch über mehrere von der Altstadt heraufführende Treppen, grüßt es mit seinem 40 m hohen Turm den Ankommenden wahrhaft majestätisch.
An einem nahe der Stadt gelegenen Steilhang des Flusses erinnert an der sogenannten Schillerhöhe eine kleine Gedenkstätte an den Dichter Friedrich Schiller (1759–1805). Neben Schiller und Goethe kann die Stadt auf weitere große Namen verweisen: Martin Luther, die Gebrüder Humboldt, die Musiker und Komponisten Nicolo Paganini, Franz Liszt oder Richard Wagner lebten und arbeiteten hier für mehr oder weniger lange.

Schillers Rudolstadt

„Diese Gegend wird Ihnen lieb sein,
mir brachte sie gestern einen Eindruck von Ruhe
in der Seele, der mir innig wohltat",
lockte Charlotte von Lengefeld ihren späteren
Gatten Friedrich Schiller zu einem längeren Sommeraufenthalt nach Rudolstadt.
Nach ersten Erkundungen in und um Volkstedt
schrieb Schiller an seinen Freund Gottfried Körner:
„Seit acht Tagen bin ich nun hier in einer sehr
angenehmen Gegend, eine kleine halbe Stunde von
der Stadt (Rudolstadt) und in einer sehr bequemen
heiteren und reinlichen Wohnung."
Von Volkstedt aus genieße er „eine sehr reizende
Aussicht auf die Stadt, die sich am Fuße eines
Berges herumschlingt, von weitem schon durch das
fürstliche Schloß, das auf die Spitze des Felsens
gepflanzt ist, sehr vorteilhaft angekündigt wird",
schrieb er weiter.

Rudolstadt – Am Fuße der Heidecksburg war Schiller zu Gast bei Charlotte von Lengenfeld.

Wer sich beim Gang durch die Stadt Zeit nimmt, wird spüren, dass Rudolstadt bis heute der Hauch, und manchmal auch mehr, einer Residenz-, Theater- und Festspielstadt; einer Stadt der Musik und des Tanzes durchweht. Gesagt sein soll aber auch, dass man sich allein mit dem alljährlichen Vogelschießen und mit dem lebensfröhlichen internationalen Folk- & Tanzfest viel frische Luft ins Städtchen holt.

Blick von der Heidecksburg auf Rudolstadt und die Stadtkirche St. Andreas.

UHLSTÄDT und die Saaleflößerei

Zugegeben, direkt nach der Schneeschmelze wie es ihre Vorfahren aus wirtschaftlichen Gründen tun mussten, laden die Uhlstädter Flößer unserer Tage nicht zur touristischen Mitfahrt auf die Saale ein. Aber zünftig, und auch ein wenig abenteuerlich geht es schon zu, wenn man sich den mit einem großen Hut bedeckten Männern in ihren schwarzen Cord-Westen und wasserdichten Schuhwerk anvertraut. Saale abwärts mitfahrend und den Erzählungen lauschend wird erlebbar, was es mit dieser Art Transport von Holz bis in das 19. Jahrhundert auf sich hatte…

Das einfachste war die auf Bächen und kleinen Flüssen betriebene Wildflößerei (Trift). Dabei wurden als Brennholz verkaufte Holzscheite geringer Länge in das Wasser geworfen und mit der Strömung verfrachtet. Auf längeren Strecken der Saale betrieb man die in einer Urkunde der Grafen von Orlamünde im Jahr 1258 erstmals erwähnt Langholzflößerei. Geflößt wurde vor allem Fichtenholz aus dem Thüringer Wald, das mit „Wieden" zu Flößen zusammengebunden wurde.

Hierbei wurden ganze Stämme, die vor allem als Bau- und Schiffsholz gebraucht wurden, partienweise zu Flößen zusammengefügt und – von Menschenhand gesteuert – oft Hunderte Kilometer weit flußabwärts „gefahren".
Goethe beobachtete dieses Schauspiel u. a. während eines Holzmarkes in Bad Kösen und beschrieb es in einem Brief mit den Worten, „wo künftige Stadt- und Landgebäude zu hunderten roh auf dem Wasser schweben".

Wehrüberfahrten bedurften erfahrene Flößer.

Zu den vielen Tücken, die ein Fluss bereithält, gehören Stromschnellen und Untiefen. Ohne Konzentration und Kraft ist man nicht weit gekommen.

Die beschwerliche, nicht selten von sogar tödlichen Unfällen begleitete gewerbliche Flößerei ging 1938 offiziell zu Ende. Gründe waren der Bau der Staumauern an der Oberen Saale und günstigere Transportmöglichkeiten mit Bahn und Lastkraftwagen.

Im ehemaligen Wehrhaus in Uhlstädt erzählt eine Dauerausstellung von diesem vergangenen,

Ende 2022 von der UNESCO zum „Immateriellen Kulturerbe“ erklärten, Wirtschaftszweig, von der Lebensweise, den Sitten und dem Brauchtum der Flößer.

Einmal in Uhlstädt, ist ein Besuch der im Kern romanischen Kirche aus dem 12. Jahrhundert lohnenswert.

ORLAMÜNDE

„… saalüberwärts ins Orlatal geblickt, / ein biergarten schäumt / unter endlos zerdehnter Traueresche."

Was der Schriftsteller Wulf Kirsten von einer Gaststätte am Markt aus beobachtete, ist ein sehr zu empfehlender Blick, wenn man sehen will, wo die ortsnamengebende Orla in die Saale mündet. Das auf einem schmalen Bergrücken sich ausbreitende thüringische Landstädtchen erlangte während der Reformation Bedeutung durch das Wirken des radikalen Reformers Andreas Bodenstein (1486–1541), genannt Karlstadt, der im Sommer 1523 die Pfarre Orlamünde übernommen hatte. Beunruhigt von abweich-

Die Kemenate in Orlamünde

lerischen Vorgängen im Saaletal, reiste Martin Luther (1483–1546) nach Orlamünde. Doch in einer zur Auseinandersetzung über die unterschiedlichen reformatorischen Ansichten anberaumten Versammlung kam man in kaum einem Punkt überein. Der Reformator Luther war in Not geraten – dies dann sogar körperlich, wie er sich später erinnerte.

Die ehemalige Raststätte am Markt, in deren Saal Luther die Orlamünder auf den rechten Weg zurückzubringen suchte, existiert nicht mehr. An dem an deren Stelle errichteten Doppelhaus erinnert eine Tafel an das Streitgespräch. In unmittelbarer Nachbarschaft befindet sich das 1331 erstmals erwähnte, mehrfach überbaute Wilhelmitenkloster. Nach Jahren des Leerstandes und Verfalls kümmert sich seit einiger Zeit eine neu nach Orlamünde gekommene Künstlerfamilie um das Anwesen.

Die am Kemenatenberg sich erhebende Stadtkirche St. Marien wurde 1194 bezeugt; der Turm wurde laut Inschrift 1504 neu errichtet.

Hoch über dem Saaletal wacht die Leuchtenburg.

KAHLA

Das Städtchen Kahla ist bekannt wegen seiner bis 1844 zurückreichenden Tradition der Porzellanherstellung und der landschaftsprägenden Leuchtenburg, die als „Königin“ oder auch „Perle des Saaletales“ gepriesen wird. Die an der ehemaligen Handelsstraße Nürnberg–Naumburg liegende, von der Saale in großem Bogen umflossene Kleinstadt wurde 876 erstmals urkundlich erwähnt. Seit dieser Zeit überstand sie mehrere Brände, Kriege und Überschwemmungen. Die fast vollständig erhaltene Stadtmauer mit mittelalterlichen Gebäuden, Stadttoren und Türmen zeugt von ihrer wechselvollen Vergangenheit. Die landschaftsbeherrschende, in alle Himmelsrichtungen majestätisch auf sich aufmerksam machende Leuchtenburg wurde 1221 erstmals urkundlich genannt. Um die in der Gegenwart auch museal genutzte Burg wurde über Generationen gestritten und gekämpft. Besucher von heute erleben eine große

---

Das Saalewehr in Kahla

Vorm Sturz in die Saale bewahrt

Im Herbst 1826 weilte der österreichische Dichter Franz Grillparzer (1791-1872) zu Besuch in Weimar - auch um Goethe zu sprechen Die Rückreise von dort führte über Kahla, wo er „bald in die Saale gefallen" wäre, wie in seiner Biografie nachzulesen ist: „Ich war bei herbeibrechendem Abend im Wagen eingeschlafen, und der Postillon ahmte mein Beispiel nach. Plötzlich erweckte mich ein lautes Geschrei. Es kam von einem Manne, der in die Zügel der Pferde griff, die bereits mit den Vorderfüßen auf dem Abhang standen, der hoch und steil in den Fluß hinuntergeht."

rechteckige Anlage aus Vorburg und Hauptburg. Von der Sohle des Zwingers ragen vier geräumige, runde Wehrtürme aus dem 15. Jahrhundert in die Höhe. Glanzstück der Burganlage ist, die erst vor wenigen Jahren eröffnete, „Porzellankirche". Dank des Panoramaweges rund um die Veste offenbart sich mit jedem Höhenmeter mehr die waldreiche Hügellandschaft des nach Jena weiterführenden Mittleren Saaletales.

JENA

*„Danke denen, die gebaut den Bogen, /
Dass dich das Gewässer nicht verschlinge. /
Fehlt die Brücke der wilden Wogen, /
Fasse Mut und schwimme oder springe."*

Die Erzählerin und Lyrikerin Ricarda Huch (1864–1947) verfasste dies als Weihespruch für die in den letzten Wochen des Zweiten Weltkrie-

Jena: Ins Tal der Saale geschmiegt.

Umrahmt vom muntern Strom der Saale

Wie ist mein Jena doch so schön /
In seinem Kranze sanfter Höh'n! /
Es ruht gleich einer Braut im Tale /
Umrahmt vom muntern Strom der Saale.

Der Heimatdichter Wilhelm Treunert
(1797–1860)

ges zerstörte, und schon im Sommer 1946 wiederaufgebaute Camsdorfer Brücke. Dieses erstmals im 15. Jahrhundert in Stein errichtete Bauwerk über die Saale verbindet das Jenaer Stadtzentrum mit dem Ortsteil Wenigenjena.

Das um 1200 zur Stadt erhobene Jena liegt großartig umrahmt von den Muschelkalkhängen des Mittleren Saaletals. Doch der Fluss, der diese Landschaft schuf, war darin immer weniger wahrnehmbar. Verbindungen über die Bahn- und Straßentrassen hinweg in die Flussaue fehlten, die ehemals parkartigen Anlagen verwilderten zunehmend.

Jena hatte sich mit einer mächtigen Stadtbefestigung geschützt. Der Pulverturm mit rekonstruiertem Wehrgang ist u. a. noch erhalten.

Daher beschloss der Stadtrat vor vielen Jahren: Die Bürger Jenas sollen ihren Fluss zurückbekommen! Dabei soll die Aue mit ihren kostbaren und schutzwürdigen Naturarealen, mit ihren zeitgemäßen Architekturen, Skulpturen und Gartenmöbeln, Räume der Ruhe und der aktiven Erholung zugleich bieten. Die Realisierung der ersten Projekte des Entwicklungskonzeptes hat die Saaleaue sicht- und erlebbar verwandelt: Sobald Sonnenstrahlen die Menschen nach draußen locken, werden die Wiesen und Bänke am Wenigenjenaer Ufer und im Volkspark Oberaue bevölkert. In der Parklandschaft Saalebogen geht man spazieren und sonnt sich am Saalestrand. Auf der Saale sind Bootstouristen unterwegs.

Es gleicht unserm Neckartale

Jetzt genieß ich den Frühling. Ich lebe auf einem Gartenhause, auf einem Berge, der über der Stadt liegt und wovon ich das ganze herrliche Tal der Saale überschaue. Es gleicht unserm Neckartale in Tübingen, nur daß die Jenischen Berge mehr Großes und Wunderbares haben.

Der für einige Monate in Jena lebende Dichter Friedrich Hölderlin (1770-1843) in einem Brief.

Ein guter Saale-Fisch

Goethe weilte oft in Burgau bei Jena. Neben dienstlichen Obliegenheiten führte ihn aber auch die Lage des Ortes inmitten der Saaleaue hierher – so auch am 8. Oktober 1827.
Sekretär Johann Peter Eckermann hielt für uns diese Bemerkung des Dichters fest: „Ich dächte, wir gingen nach Burgau. Wein haben wir bei uns und dort finden wir auf jeden Fall einen guten Fisch."

Die Burgauer Brücke

Die neuen Saalewege bei Kunitz und die überdachte Hausbrücke werden von Radfahrern, Skatern und Spaziergängern gleichermaßen selbstverständlich in Besitz genommen.
Die aus einer altthüringischen Weinbauern- und Fischersiedlung entstandene, nach Erfurt zweitgrößte Stadt Thüringens, punktet seit Generationen mit technischen Meisterleistungen, universitären und künstlerischen Glanzlichtern sowie mit großen Namen. Dies hier auch nur ansatzweise detailliert darzustellen, würde den Rahmen dieses Büchleins sprengen.

Von den Saalenixen

Ordentlich reich und gruselig sind in der Sagenwelt auch die Saale und darin lebende Nixen vertreten. Zumeist geht es in den prosaischen Texten darum, dass die Nixen der Saale jedes Jahr an einem bestimmten Tage ihr Opfer haben wollen. Darum vermieden die Anwohner des Flusses, an diesem Tage zu baden; namentlich unterließen es die Fischer zu derselben Zeit, ihrem Gewerbe nachzugehen. Schon mancher, der an das sagenhafte Reden nicht glauben wollte, musste dies demnach mit dem Tod im Wasser büßen. So soll es einen Fleischer „erwischt" haben, der vom Paradies bei Jena nach der Schneidemühle geschwommen war. An derselben Stelle wollte ein Maler die Nixe kennen lernen. Er ging deshalb am Ufer hin und her und lockte sie mit Gitarrenspiel. Eines Abends sah er die Nixe in ihrer Schönheit hinter sich herkommen, und floh in der Verwirrung in die Saale, wo er verschwand. Einen Bäcker zu Camburg soll das gleiche Schicksal ereilt haben, nachdem er einer Nixe fälschlicherweise mit Kümmel gebackenes Brot verkauft haben soll, woran sie starb. Als der Bäcker eines Tages mit dem Kahn über die Saale ruderte, zogen ihn die leidenden Nixen in die Tiefe.

DORNBURG

Nur wenige Kilometer von Jena entfernt erheben sich aus dem Mittleren Saaletal über einem Weinberg drei voneinander unabhängig gebaute Schlösser. Vom so genannten Alten Schloss auf der einen, und dem Renaissanceschloss auf der an-

Das Rokokoschloss bildet die glanzvolle Mitte der Dornburger Schlösser.

deren Seite samt verbindenden Gärten gesäumt, bildet das Rokokoschloss die glanzvolle Mitte einer einzigartigen Anlage. Sie ist in der Kleinstadt Dornburg der touristische Anziehungspunkt. Im Renaissanceschloss wohnte Goethe 1828 mehrere Monate, doch im Rokokoschloss weilte er bereits 1776 und in der Folge bis 1822 noch öfter. 1818/19 tagte hier der erste gewählte Landtag des Großherzogtums. Unter Leitung von Baumeister Heinrich Krohne entstand das mittlere Schloss unter Einbeziehung eines vormals hier stehenden Gebäudes in den Jahren 1736 bis 1741. Kommt man vom Städtchen Dornburg her auf dieses Lustschloss zu, präsentiert es sich als eher verspielter, eingeschossiger Pavillon. Ganz anders die optische Wirkung aus der Tiefe des Saaletales. Mit drei Geschossen und einer Zierbastion suggeriert der im Kern rechteckige Baukörper ein eher gewaltiges Bauwerk.

Für alle drei Dornburger Schlösser darf gelten, was – verfasst von Goethe – im Giebel des Renaissanceschlosses zu lesen ist: *„Freudig trete herein, und froh entferne dich wieder! Ziehst du als Wandrer vorbei, segne die Pfade dir Gott."*

KAATSCHEN und die Weinregion an Saale und Unstrut

Das zwischen Großheringen und Bad Kösen direkt an der Saale zu findende Weindorf war bis 1994 kaum mehr als eine Art Kleingarten für vier Winzer im Nebenberuf. Die von ihnen insgesamt bewirtschafteten 1,3 ha Rebfläche lagen zum größten Teil auf dem vom Verfall bedrohten Terrassenweinberg. Agrarstrukturelle Untersuchungen und Vorplanungen, eine Flurbereinigung, das Ausweisen größerer Aufrebungsflächen und das Anlegen eines bedarfsgerechten

---

Seit über 1000 Jahren wird an der Saale Wein angebaut.

Wegenetzes waren unumgängliche Voraussetzungen dafür, dass sich Kaatschen heute als das Thüringer Weindorf schlechthin präsentieren kann. Was auf nunmehr zirka 12 ha Rebfläche heranwächst, gepflegt, geerntet und schließlich in Flaschen gebracht wird, gehört zum Feinsten der Branche. In Kaatschen ist es die Familie Zahn, die bereits in der dritten Generation Weinberge bewirtschaftet. Wie das von ihnen direkt am Fluss errichtete Weingut, hat der gesamte Ort über die Jahre sein Gesicht verändert. Die 1916 gebaute Brücke über die Saale wurde saniert, der Dorfplatz wurde neu gestaltet, die Straßen gepflastert, der historische Terrassenweinberg mit Weinberghaus wurde saniert und eine Treppe zu den Weinhängen errichtet.

Erstmals erwähnt wurde der Weinbau in der mitteldeutschen Region in einer 998 datierten Urkunde von Kaiser Otto III. Das Gebiet liegt über den für den Weinanbau günstigen 50. Breitengrad, gilt als sonnenreich und regenarm. Im Gebiet Saale-Unstrut werden gegenwärtig rund 750 Hektar Flächen mit Wein bewirtschaftet. Über 600 Hektar davon fallen auf Sachsen-Anhalt, mehr als 100 auf Thüringen und der Rest auf Brandenburg (Werder). Angebaut werden über 50 Rebsorten, darunter die Weißen Müller-Thurgau, Weißburgunder, Silvaner und Riesling sowie die Roten namens Blauer Zweigelt, Spätburgunder, Dornfelder und Portugieser am häufigsten. Durch strenge Begrenzung der Erträge auf gerade einmal 55 Hektoliter je Hektar fördern die Winzer im nördlichsten Qualitätsweinbaugebiet Deutschlands eine vielfach ausgezeichnete Klasse.

Im Saale-Unstrut-Weingebiet lässt es sich gut Rad fahren, wandern und in einer Weinwirtschaft einkehren.

BAD KÖSEN – ein Burgen-Duo, stolz und kühn

Bad Kösens Lage im Saaletal, mit seinem milden Klima, das mächtige Gradierwerk mit seinem raffiniertem Kunstgestänge, die Parks und das Saalewehr verleihen dem Kurort eine heiter entspannte Atmosphäre.

Das Saalewehr in Bad Kösen

Ein Ort zum Schwärmen und zum Trinken

Dort Saaleck, hier die Rudelsburg,
und unten tief im Tale
da rauschet zwischen Felsen durch
die alte liebe Saale;
und Berge hier und Berge dort
zur Rechten und zur Linken –
die Rudelsburg, das ist ein Ort
zum Schwärmen und zum Trinken.

Das wissen die Studenten auch
in Jena und in Halle
und trinken dort nach altem Brauch
im Hof und auf dem Walle.
Umringt von moosigem Gestein,
wie klingen da die Lieder!
Die Saale rauscht so freudig drein,
die Berge hallen wider.

Aus dem von Hermann Allmers (1821–1902)
geschriebenen und komponierten Lied
„Die Rudelsburg".

Der von den Burgen Saaleck und Rudelsburg gekrönte Abschnitt des Tales war mehr als nur einmal Filmkulisse, erinnert sei an den DEFA-Film von 1964 „Mir nach Canaillen" mit Manfred Krug.

Seit hunderten von Jahren zieht es Jung und Alt vor allem an diesen Flecken der von Burgen und Burgruinen wahrlich reich gesäumten Saale. Dass dieses aus dem Hochmittelalter stammende Duo zum Symbol der deutschen Burgenromantik schlechthin avancierte, hatte ganz sicher nichts mit einer besonderen Bauweise zu tun. Es war vor allem junges studentisches und intellektuelles Volk, dass an den Unis und Hohen Schulen von Leipzig, Jena oder Halle sich ausbilden ließ und in freier Zeit zu diesem schönen Flecken Erde pilgerte „zum Schwärmen und zum Trinken", wie es Hermann Allmers nach dem Besuch beider Burgen 1845 im Gedicht „Die Rudelsburg" besang. Bereits 1826 hatte der Student und spätere Kunst-

---

Franz Theodor Kugler (1808–1858) verfasste dieses bis heute erklingende Saale-Lied während eines Besuches der Rudelsburg im Sommer 1826.

An der Saale hellem Strande ...

An der Saale hellem Strande
Stehen Burgen stolz und kühn,
Ihre Dächer sind gefallen,
Und der Wind streicht durch die Hallen,
Wolken ziehen drüber hin.

Zwar die Ritter sind verschwunden,
Nimmer klingen Speer und Schild;
Doch dem Wandersmann erscheinen
In den altbemoosten Steinen
Oft Gestalten zart und mild.

Droben winken schöne Augen,
Freundlich lacht manch roter Mund,
Wandrer schaut wohl in die Ferne,
Schaut in holder Augen Sterne,
Herz ist heiter und gesund.

Und der Wandrer zieht von dannen,
Denn die Trennungsstunde ruft,
Und er singet Abschiedslieder,
Lebewohl tönt ihm hernieder,
Tücher wehen in der Luft.

Burg Saaleck

historiker Franz Kugler (1808–1858) hier die zum Volkslied gewordenen Verse „An der Saale hellem Strande / Stehen Burgen stolz und kühn“ verfasst. Im Hof der Rudelsburg erinnert eine von Besuchern der Burg gestiftete Gedenktafel mit Bildmedaillon daran.

SCHULPFORTE

Zwischen Bad Kösen und Naumburg liegt das 1137 gegründete Zisterzienserkloster Sanctae Mariae ad Portam. Bis zu dessen Säkularisierung im Jahr 1540 haben Mönche diesen einst sumpfigen Teil des Saaletales trockengelegt, acht Wassermühlen betrieben, an der Saaleflößerei teilgehabt, Obst- und Weinanbau in die Gegend gebracht. 1544 öffnete hier eine fürstliche Landesschule ihre Türen, die bald zu den hochangesehenen im mitteldeutschen Raum zählte. Über die Wechselfälle der Geschichte hinweg blieb sie das bis in unsere Tage. Zu den zahlreichen später berühmten „Portensern", an die im Schulgelände Gedenktafeln erinnern, gehörte auch der Dichter Friedrich Gottlieb Klopstock (1724–1803). Sich daran erinnernd, verfasst sein Freund Goethe 1825 das Gedicht „Schul-Pforta" mit diesen bis heute treffenden Zeilen: „An dem stillbegränzten Orte / Bilde dich, so wie's gebührt, / Jüngling! Öffne dir die Pforte, / Die in's weite Leben führt".

Das an der touristischen „Straße der Romanik" liegende historische Bauensemble mit Torhaus (inklusive Vinothek), Kreuzgang, Kirche und dem großzügigen Park ist abseits vom Schulbetrieb ein starker Besuchermagnet.

Ein Wein, der auch das Herz zusammenzieht

Hügel an dem flachen Tale, /
wo die Unstrut mit der Saale /
sich vertraut zusammenschließt, /
brächt' ich doch zu eurer Schande /
dierses Jahr ein Lied zustande, das euch
unvergeßlich ist! / Berge voller edler Reben, /
was habt ihr denn hergegeben? /
Wollt ihr, daß man vor eucvh flieht? /
Ließet einen Saft erwachsen, /
der den Mund der treuen Sachsen, /
auch ihr Herz zusammenzieht!

Zugeschrieben dem Weinbauern
Thränhardt.

NAUMBURG

Was denn meine Vaterstadt an der Saale betrifft, so sei dem Ausländer bedeutet, dass sie etwas südlich von Halle, gegen das Thüringische hin, gelegen ist",

erklärt eine Figur in Thomas Manns Roman „Doktor Faustus" seine Herkunft. Kaiseraschern, wie dieser Ort im Buch heißt, verortet die Literaturwissenschaft in Naumburg, wo mit Friedrich Nietzsche (1844–1900) jener Mann aufwuchs, als dessen literarisches Ebenbild man „Doktor Faustus" empfinden kann. Das fast 1000-jährige Naumburg liegt am Nordostrand des Thüringer Beckens, wo die Unstrut in die Saale mündet. Als Bischofssitz (1028–1568) und Messestadt erlebte der von den Ekkehardinern um 1010 neuangelegte Burgort (Nuenburc) im Mittelalter eine hohe Blüte. Vom Jahrhunderte währenden Glanz und Wohlstand der Stadt erzählen neben dem zur „Straße der Romanik" gehörenden Dom St. Peter und Paul, steinerne Zeugen wie das Marientor, Reste der Stadtmauer, die Stadtkirche St. Wenzel,

das Rathaus sowie prächtige Häuser rund um den Marktplatz. Das über Jahrhunderte entstandene Domensemble gehört dank seiner romanisch-gotischen Architektur und mehr noch wegen seiner frühgotischen Monumentalskulptur und Bauornamentik zu den bedeutendsten Kultur- und Baudenkmalen des Mittelalters in Deutschland. Die Mitte des 13. Jahrhunderts vom sogenannten Naumburger Meister geschaffenen lebensgroßen Stifterstandbilder im Westchor – darunter mit Ekkehard und Uta die sicher bekanntesten – sowie die Darstellung der Passionsgeschichte am Westlettner, beeindrucken durch ihre wirklichkeitsnahe Gestaltung.

Der Naumburger Markt mit Stadtkirche St. Wenzel

WEISSENFELS

In Weißenfels, das an einem für Handel und Verkehr strategisch wichtigen Saaleübergang entstand, wird der Beginn der Unteren Saale, und damit der letzte Teil dieses Saale-Buches, verortet. Um sich von der an Sehenswürdigkeiten reichen Stadt und ihrem Umfeld ein Bild zu machen, darf man dem Rat eines in lokalem Plattdeutsch formulierten Textes folgen, in dem es u. a. heißt: „... *Willste dich verorientiere, / Laß dich uff'n Klemmberg siehre...*". Die vom Bismarckturm gekrönte Parkanlage Klemmberg ist die vermutlich älteste bewusst geschaffene „grüne Lunge" in der Stadt. Die jüngste ist die an der Pfennigbrücke beginnende „Promenade". Diese über die Saale bis zum Schloss Neu-Augustusburg reichende grüne Achse entstand ab 2010, dem Jahr des 825. Stadtjubiläums.

Die einstige Residenzstadt war über Generationen auch ein gesuchter Lebens- und Arbeitsort für Künstler. Die Musiker Heinrich Schütz und Johann Sebastian Bach oder der Schriftsteller Novalis seien erwähnt. Die bedeutende Tradition

Weißenfels in der Herstellung von Schuhen wird in einem eigenen Museum dokumentiert. Dass die Saale-Fischerei ebenfalls lange ein umfangreicher Wirtschaftszweig war, ist in den Annalen der hiesigen Fischerinnung ebenso nachzulesen wie in dem anfangs bereits erwähnten Text eines Mundartdichters. Da heißt es mit Blick vom Klemmberg hinab ins Tal: „*…Ung'ne plätschert leis de Saale. / Fischer fangen Hechte, Aale.*" Mehrfach überschwemmte die Saale Teile der Stadt – zuletzt im Juni 2013.

Die Saale vor Weißenfels

MERSEBURG

Die über 1000 Jahre alte Domstadt an der Saale, über deren linkem Hochufer sich der Domhügel erstreckt, war schon in vorgeschichtlicher Zeit besiedelt und teilweise auch befestigt. Einige Jahrhunderte genoss Merseburg unter den deutschen Königspfalzen einen besonderen Ruf. Allein Kaiser Heinrich II. weilte 27 Mal hier. Gegen Ende des 12. Jahrhunderts begann sich auf der gegenüberliegenden Seite des Saaleufers die Neustadt

Das Merseburger Schloss

Vom Merseburger Bier

„So ist's doch mit allem wie mit dem Merseburger Bier, das erste mal schauert man, und hat man's eine Woche getrunken, so kann man's nicht mehr lassen" notierte der eher bekennende Weintrinker Goethe (1749-1832). Heute allerdings stellt man in der Stadt kein eigenes Bier mehr in nennenswerter Menge her.

zu entwickeln – erstmals werden die Neumarktkirche und eine Brücke über den Fluss erwähnt. Bis in die Mitte des 14. Jahrhunderts blieb Merseburg ein wichtiger Handelsort; danach übernahm diese Funktion das günstiger gelegenere, von den Wettinern zielstrebig geförderte Leipzig. Ab 1015 wurde der Dom „St. Johannes der Täufer und Laurentius" errichtet. Wesentlich umgestaltet im 13. und 16. Jahrhundert, zeigt er sich heute als Teil des ab 1470 neugebauten Schlossensembles. Die aus dem 9. Jahrhundert stammenden zwei „Merseburger Zaubersprüche" und die Sage vom diebischen Raben bezeichnen historisch interessante Momente im Alltag der frühen Saalestadt.

HALLE (Saale)

Salz-Athen" nannte man zuweilen die am Nordwestrand der Leipziger Tieflandbucht liegende Universitätsstadt. Das bezog sich auf die in der Talmulde am Ostufer der Saale bis ins 18. Jahrhundert vorgenommene Salzgewinnung. Schon Sagen berichten von der Entdeckung der Salzquellen und den in der Salzgewinnung tätigen Halloren. In der Gegenwart versteht sich die von großen Chemiewerken „gerahmte" Stadt vor allem als „Kulturhauptstadt Sachsen-Anhalts".

Als unverwechselbares Wahrzeichen prägen die beiden Turmpaare der Marktkirche „Unser Lieben Frauen" die Silhouette der Stadt: „Eine Kirche, in der Luther dreimal predigte, Georg Friedrich Händel getauft wurde und Johann Sebastian

Halle (Saale) ist der Geburtsort Händels. Sein Denkmal steht auf dem Marktplatz.

Die Marktkirche „Unser Lieben Frauen“ und der Rote Turm auf dem Marktplatz in Halle (Saale)

Bach die große Orgel eingeweiht hat, finden sie auf der ganzen Welt nicht wieder“, hob seinerzeit Organist Professor Oskar Rebling (1919–1967) die Einzigartigkeit dieses Gotteshauses hervor. Dem in Halle geborenen und getauften Komponisten Georg Friedrich Händel (1685–1759) ist ein Denkmal, eine aus einer Kirche hervorgegangene Festspielhalle und im Geburtshaus ein Museum gewidmet.

Für den kulturvollen Ruf der Stadt sorgt weit über die Landesgrenzen hinaus auch das vom halleschen Theologen August Hermann Francke 1698 gegründete Waisenhaus (später Franckesche Stiftungen). Sehenswert sind hier die Kulissenbibliothek von 1728, das mit 114 Metern längste Fachwerkhaus Europas und eine am originalen Platz erhaltene Kunst- und Naturalienkammer. Mit teils spektakulären Inszenierungen gehört das Landesmuseum für Vorgeschichte zu den bedeutendsten archäologischen Museen Europas.
Die im ausgedehnten Areal der einstigen Burg Giebichenstein beheimatete traditionsreiche Kunst- und Designschule trägt wie das Museum Moritzburg gleichfalls zu diesem Ruf bei.
Um noch einmal kurz auf Martin Luther zurückzukommen: Er war zwar nur wenige Male in der Stadt, im Winter 1546 jedoch, war ausschließlich Saale-Hochwasser für einen längeren Aufenthalt ursächlich, wie in einem Brief Luthers vom 25. Januar an Ehefrau Katharina zu lesen. „Wir sind heute um 8 Uhr aus Halle gefahren, sind aber nicht nach Eisleben gekommen sondern um 9 Uhr wieder nach Halle zurückgekehrt. Denn es

begegnete uns eine große Wiedertäuferin (die Saale) und große Eisschollen ... Ebenso können wir auch nicht zurück wegen der Mulde zu Bitterfeld und müssen hier in Halle zwischen den Wassern gefangen liegen."

Das ist der Giebichenstein

Da steht eine Burg überm Thale
Und schaut in den Strom hinein,
Das ist die fröhliche Saale,
Das ist der Giebichenstein.

Da hab' ich so oft gestanden,
Es blühten Thäler und Höhn,
Und seitdem in allen Landen
Sah ich nimmer die Welt so schön!

Aus dem Gedicht „Bei Halle"
von Joseph von Eichendorff (1788-1857).

WETTIN

Fährt man mit dem Pkw von Halle aus per Landstraße in das etwa 20 Kilometer entfernte Wettin, zeigt sich die namensgebende Burg zwar schon von weitem, zu ihr direkt gelangt man jedoch nur mit einer kurzen Fährpassage über die Saale. Die einstige slawische Grenzburg und seit dem 12. Jahrhundert Stammburg der Wettiner Markgrafen und späterer Fürsten, erhebt sich in stattlicher Höhe über der Saale. Das zirka 500 Meter lange Bauensemble mit der Kapelle im obersten Geschoss des auffälligen Winkelturms, erfuhr über die Zeitläufe der Geschichte viele Nutzungen. Seit Generationen beherbergt sie unter ihren Dächern auch Bildungseinrichtungen. Die vielleicht populärste der jüngeren Geschichte erfuhr sie als Domizil für die zentrale Ausbildung der Schäfer der DDR. Heute ist hier ein Gymnasium zuhause. In der zu Füßen der Burg liegenden, bis zum Ende des 19. Jahrhundert vom Steinkohlebergbau geprägten Kleinstadt sind das Renaissance-Rathaus am Marktplatz, die Nikolaikirche, die nach teils würdeloser Nutzung nun wieder zum Schatzkästlein gewordene Templerkapelle und die heute zur Gewinnung von Elektroenergie genutzte Pögritzmühle besondere Empfehlungen. In der bergaufführenden Saalestraße ist an einer Außenmauer eine Nachbildung des prächtigen „Fürstenzuges“ am Dresdener Schloss zu besichtigen. Vom Bismarckturm auf dem Schweizerling hat man einen beeindruckenden Blick in das Landschaftsschutzgebiet „Unteres Saaletal“.

Schloss Wettin und Wettiner Fähre

BERNBURG

Die Stadt liegt reisegeografisch günstig im Dreieck der Städte Magdeburg, Halle und Dessau. Hinzu kommt die Saale als ganzjährig nutzbare, über die nahe Elbe auch an das deutsche und internationale Wasserstraßennetz angeschlossene Wasserstraße – ein wesentlicher Standortfaktor für die Kreisstadt des Salzlandkreises. Mit dem Salz im Kreis-Namen ist das erste der fünf weißen Pulver genannt, welche die Stadt und ihr Umfeld seit langem produziert; Zucker, Mehl, Soda und Zement sind die anderen. Touristisch besonders interessant ist, was an Baulichem an die Hauptstadt des Herzogtums Anhalt–Bernburg erinnert, als die Bernburg bis 1863 fungierte. Vor allen weiteren Sehenswürdigkeiten ist dies der Schlossbezirk. Seit 2004 wird in diesem Areal aus unterschiedlichen Bauepochen, das dennoch wie aus einem Guss erscheint, Stück für Stück in farblich bewundernswerter Manier saniert. In der Schlosskirche imponiert ein großflächiger Bildzyklus des 1964 in Halle (Saale) geborenen Künstlers Moritz Götze. Der von weitem schon zu sehende, um 1200 errichtete Bergfried der Schlossanlage lädt als „Eulenspiegelturm" ein. Dies wurzelt in der 22. Historie des Schalks. Die berichtet davon, *„wie Eulenspiegel sich zu dem Grafen von Anhalt verdingt als ein Turmbläser, und wenn Feind darkamen, so blies er sie nit an, und wenn kein Feind da war, so blies er sie an."* Von dem 38 Meter hohen Turm öffnet sich ein Panoramablick in den Naturpark Unteres Saaletal.

Eulenspiegeldenkmal in Bernburg

Von CALBE an den Zusammenfluss von Saale und Elbe

Calbe ist die letzte größere Stadt an der Saale, bevor diese nahe Barby in die Elbe mündet. Auf dem Marktplatz der auf das Jubiläum 1100 Jahre urkundliche Ersterwähnung zugehenden Stadt grüßt ein vier Meter großer behelmter „Roland“ die Einheimischen und Gäste. Neben der lan-

Am Saalhorn fließt die Saale in die Elbe.

ge Zeit wirtschaftlich prägenden Weber- und Tuchmacherei sowie der Metallindustrie blieb bis heute ein wichtiger Erwerbszweig der Anbau von Feldgemüse. Die dabei favorisierte Zwiebel führte zum Beinamen der Stadt als „Bollen-Calbe".
Segen und Fluch brachte über alle Zeiten hinweg die hier schiffbare Saale. Bereits 1439 gründeten die Fischer der Stadt die „Fischereibrüderschaft St. Nicolai". Für Generationen Unverzichtbares leisteten von der Saale betriebene Mühlen. Der bereits angedeutete Fluch wabert durch die

Stadt bis heute – das Hochwasser. Allein an der Beseitigung der durch eine solche Überflutung (Höchststand 9,63 m) im Jahre 2013 angerichteten Schäden in Millionenhöhe wurde noch über zehn Jahre danach sichtbar gearbeitet.

Die letzten Kilometer des Flusses vor seiner Mündung in die Elbe am sogenannten Saalhorn gehören zum von der Unesco anerkannten Biosphärenreservat „Mittlere Elbe". Vom nahe dem Landstädtchen Barby zu findenden Anleger der „Saalhorn" – Fähre aus ist ein guter Blick in Richtung Zusammenfluss möglich.

Der Roland in Calbe ist der einzige in Deutschland mit Helm.

LITERATUR

Gerlinde Schlenker, Jürgen Laubner:
Die Saale – Porträt einer Kulturlandschaft;
Koehler & Amelang Berlin / München 1996

Detlef Ignasiak: An der Saale und im Holzland;
quartus Verlag Jena 1997

Ein kurzweilig Lesen von Till Eulenspiegel;
Reclam Verlag Leipzig 1988

Wulf Kirsten (Hrsg.): Eintragung ins Grundbuch;
Hain Verlag Rudolstadt & Jena, 1996

Heinz Stade: Unterwegs zu Schiller,
Aufbau Taschenbuchverlag Berlin, 2005

Fred Oberhauser und Axel Kahrs:
Literarischer Führer Deutschland; Insel Verlag
Frankfurt/Main und Leipzig 2008

Eichler / Walther: Städtenamenbuch der DDR;
Bibliographisches Institut Leipzig 1988

001 Weisheiten von Goethe und Schiller
002 Klassische Küchenkräuter
003 Klassische Heilkräuter
004 Klassische Gewürze
005 Homöopathische Hausapotheke
006 Gesundheit aus der Tasse
007 Das Monats- & Feiertagsbüchlein
008 Großmutters Küchentipps
009 Großmutters Haushaltstipps
010 Klassisches Gemüse und Wildgemüse
011 Klassisches Obst und Wildfrüchte
012 Mit Bauernregeln durch das Jahr
013 Kleines Thüringer Bratwurst-Buch
014 Kleines Thüringer Kloßbuch
015 Kleines Skatbuch
016 Luther – Weisheiten & Lebensstationen
017 Cranach – Die Maler der Reformation
018 Klosterweisheiten
019 Großmutters Gesundheitstipps
020 Kleines Usedom-A-Z
021 Redewendungen auf der Spur
022 Pearls of Wisdom by Goethe & Schiller

Die Rhino-Westentaschen-Bibliothek

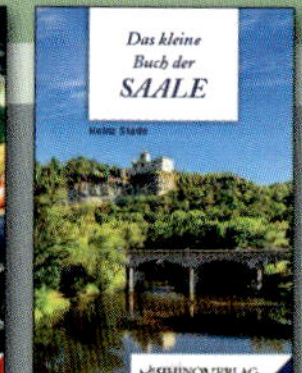

Unser komplettes Programm finden Sie im Internet unter: shop.vggh.de

Neuerscheinungen

Frühjahr 2023

RHINOVERLAG